Baráyeh Arie

*You are the
zereshk to my polo*

Pronunciation Guide©

Persian	English	Pronunciation
اَ	a	**a**nt
آ	á	**a**rm
ب	b	**b**at
د	d	**d**og
اِ	e	**e**nd
ف	f	**f**un
گ	g	**g**o
ه	h	**h**at
ح	h	**h**at
ی	í	m**ee**t
ج	j	**j**et
ک	k	**k**ey
ل	l	**l**ove
م	m	**m**e
ن	n	**n**ap
اُ	o	**o**n
پ	p	**p**at
ق	q/gh*	me**r**ci
ر	r	**r**un
س	s	**s**un
ص	s	**s**un
ث	s	**s**un

Persian	English	Pronunciation
ت	t	**t**op
ط	t	**t**op
و	ú	m**oo**n
و	v	**v**an
ی	y	**y**es
ذ	z	**z**oo
ز	z	**z**oo
ض	z	**z**oo
ظ	z	**z**oo
چ	ch	**ch**air
غ	gh*	me**r**ci
خ	kh*	ba**ch**
ش	sh	**sh**are
ژ	zh	plea**s**ure
ع	'	uh-oh†

- * : guttural sound from back of throat
- † : glottal stop, breathing pause
- ّ : Indicates a double letter
- ً : Indicates the letter n sound
- لا : Indicates combination of letter l & á (lá)
- ای : Indicates the long í sound (ee in m**ee**t)
- اِی : Indicates the long í sound (ee in m**ee**t)
- (...) : Indicates colloquial use

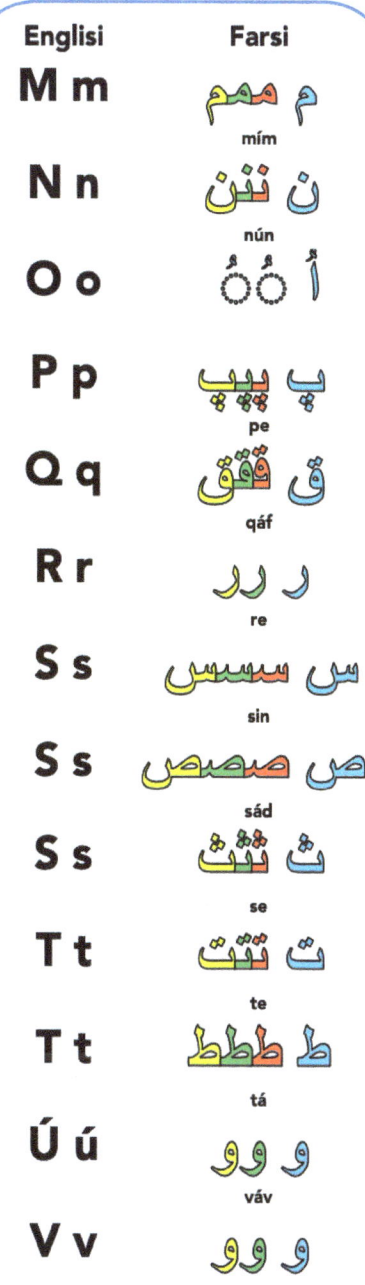
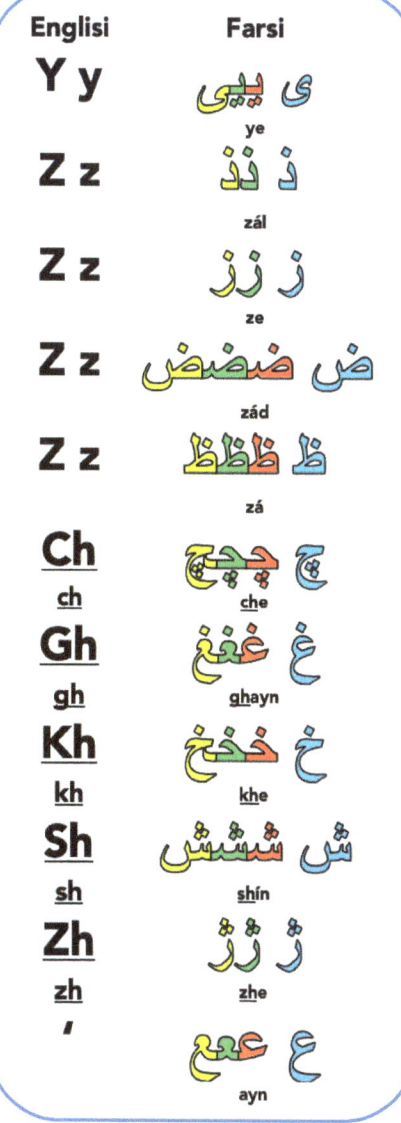

Letter Guide©

The Persian Alphabet

We want to simplify your Persian learning journey as it is such a unique & enigmatic language. There are 32 official Persian letters. The letters change form depending on their position in a word or when they appear separate from other letters. For example, the letter ghayn غ has four ways of being written depending on where it appears in any given word:

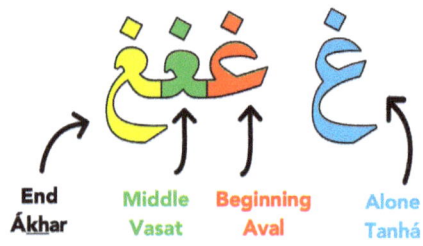

End
Ákhar

Middle
Vasat

Beginning
Aval

Alone
Tanhá

It is important to note that Persian books are read from right to left (←). There are 7 separate or stand-alone letters that do not connect in the same way to adjacent letters (these will not be depicted in red). They are:

Stand alone
Tanhá vámístan

The short vowels a, e & o are usually omitted in literature and are depicted by markings above & below letters (ُ َ). They are not allocated a letter name, unlike their long vowel counterparts á: alef, í: ye & ú: váv (و ی آ).

corn

zorrat
ذُرّت

carrot

havíj

هَویج

í: as (ee) in meet

celery

karafs

كَرَفس

asparagus

márchúbeh

مار چوبِه

á: as (a) in arm
ú: as (oo) in moon

mushroom

##ghárch

قارچ

á: as (a) in arm

eggplant

bádemján
بادِمجان

á: as (a) in <u>a</u>rm

radish

torobcheh
تُرُبچِه

beetroot

choghondar

چُغُندَر

chilli

felfel
فِلفِل

capsicum

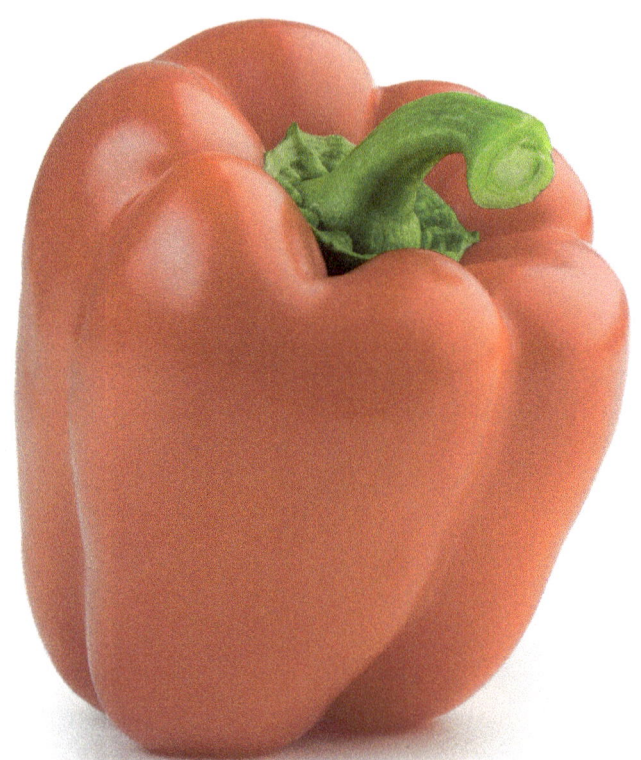

felfele dolmeí

فِلفِل دُلمِه ای

e: as (e) in <u>e</u>nd
í: as (ee) in m<u>ee</u>t

peas

no<u>kh</u>od sabz

نُخود سَبز

green beans

lúbíá sabz

لوبيا سَبز

ú: as (oo) in m<u>oo</u>n
í: as (ee) in m<u>ee</u>t
á: as (a) in <u>a</u>rm

cabbage

kalam
كَلَم

cauliflower

goleh kalam

گُلِ کَلَم

zucchini

kadú sabz

کَدو سَبز

ú: as (oo) in m<u>oo</u>n

pumpkin

kadú tanbal

كَدو تَنبَل

ú: as (oo) in m<u>oo</u>n

spinach

esfenáj
اِسفِناج

á: as (a) in arm

lettuce

káhú
كاهو

á: as (a) in a̲rm
ú: as (oo) in m̲o̲o̲n

turnip

shalgham

leek

tareh farangí
تَره فَرَنگی

í: as (ee) in m<u>ee</u>t

garlic

sír

سير

í: as (ee) in m<u>ee</u>t

potato

síb zamíní

سیب زَمینی

í: as (ee) in m<u>ee</u>t

spring onion

píázcheh

í: as (ee) in m<u>ee</u>t
á: as (a) in <u>a</u>rm

onion

píáz

پیاز

í: as (ee) in m<u>ee</u>t
á: as (a) in <u>a</u>rm

basil

reyhán
ريحان

á: as (a) in arm

coriander

geshníz

گِشنیز

í: as (ee) in m<u>ee</u>t

dill

shevíd

شِوید

í: as (ee) in meet

fennel

rázíáneh
رازیانه

á: as (a) in a̲rm
í: as (ee) in m̲e̲e̲t

mint

na'ná'

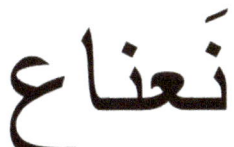

':   glottal stop, breathing pause
í: as (ee) in m<u>ee</u>t

parsley

ja'farí

جَعفَری

':   glottal stop, breathing pause
í: as (ee) in m<u>ee</u>t

tarragon

tarkhún

ú: as (oo) in m<u>oo</u>n

www.ingramcontent.com/pod-product-compliance
Lightning Source LLC
Chambersburg PA
CBHW061750290426
44108CB00028B/2951